J'ai osé la rencontre

Florence Benoit

J'ai osé la rencontre

Témoignage

© 2021, Florence Benoit
fljben@orange.fr

Maquette et mise en ligne : Fabienne Soulard
Logo : Floriane Barbaud et Laetitia Botrel

Édition : BoD – Books on Demand,
12/14 rond-point des Champs-Élysées, 75008 Paris
Impression : BoD - Books on Demand,
Norderstedt, Allemagne

ISBN : 9782322379002
Dépôt légal : août 2021

Avant-propos

À 10 ans, j'ai perdu mon enfance, mon espérance, l'alliance.

À 20 ans, j'ai espéré la romance, une alliance.

À 30 ans, j'ai entamé la délivrance, un chemin d'endurance.

À 40 ans, j'ai voulu transformer ma vie, et c'est la vie qui m'a transformée.

Malgré les peurs, les pleurs, les douleurs, j'ai toujours suivi mon cœur. Il ne m'a jamais conduite à l'erreur.

J'ai voyagé, j'ai projeté, j'ai expérimenté, j'ai cherché, j'ai prié, et j'ai trouvé, car je me suis laissé guider. Je me suis libérée.

J'ai réfléchi, j'ai dit, j'ai écrit, et j'ai guéri. Aujourd'hui, j'assume d'où je viens et qui je suis.

Longtemps en quête d'absolu à l'extérieur, je l'ai rencontré en moi. Ainsi, unie, je poursuis ma route, apaisée.

Délivrance, confiance, espérance, Florence.

À 50 ans, j'ai repris un chemin de vie ordinaire, et c'est mon chemin de vie qui m'a reprise.

Depuis toujours, je demande à être aimée ; de me taire, de fuir, de plaire, d'obéir, j'ai tenté.

Je devais lâcher, mais je ne pouvais pas renoncer à l'amour.

Je me suis retirée, j'ai discerné, j'ai édité, j'ai prié, et je l'ai rencontré.

J'avais traversé la Bretagne, j'avais traversé la France, j'avais traversé les frontières, j'avais traversé les épreuves, et cette nuit-là, je me suis laissé traverser par l'amour du Christ.

Touchée dans les entrailles, mon corps a exulté de joie, mon cœur s'est enflammé, mon esprit a décodé, j'étais infiniment aimée.

Nul autre ne pouvait ainsi me donner, nul autre ne pouvait me combler.

Mon corps a assimilé, mon cœur s'est tourné, mon esprit a accepté, et de chemin mon désir a changé.

D'amour, je peux, je veux être comblée. Ainsi je me laisse aller, je me laisse aimer, en toute intimité.

Plus profond je veux puiser ; et cet amour, je veux le partager.

Rayonner, enflammer, brûler, sans jamais s'arrêter. Aimer.

Joie, désir, nourrir, sans jamais mourir. Unir.

Ensemble, dans l'amour du Christ.

Aujourd'hui, apaisée, je me pose, j'écris, je raconte, pour partager et répandre.

J'écris des vers pour libérer sans détailler et sans chercher ; les vers remplacent les explications, les vers évoquent les émotions, sans peur ni pudeur.

J'écris la prose pour raconter.

Je lie la prose et les vers, pour compléter, pour illustrer, pour souligner, et pour danser à la mesure et au rythme des mots.

Des mots pour sourire,
Des mots pour adoucir,
Des mots pour guérir.
Des mots d'un jour,
Des mots d'amour,
Des mots pour toujours.
Des mots pour témoigner,

Des mots pour accompagner,
Des mots pour partager.

Je remercie chacune de mes rencontres.
Je remercie l'Esprit saint de nous avoir réunis
un moment ou plus longtemps sur le chemin.

Je m'appelle Florence,
Comme la ville de la Renaissance.

Un matin, j'ai décidé de prendre le chemin
de la Vie,
Celui des rencontres et des échanges,
Et je m'en nourris,
Merci.

Ce qui m'intéresse vraiment,
Ce sont les gens et le vivant autour de moi.
Et je m'en nourris.
Merci.

Je me sens libre car je traverse la Vie,
Je m'arrête là où mon Cœur me dit,
Et non là où on me demande de me poser.
C'est ma Liberté.

Je traverse les frontières,
Je vis le présent,
J'ai confiance en l'avenir.

Je me sens éloignée,

Mais je ne suis pas isolée,
Je suis reliée.

Je me sens éloignée,
C'est le prix de la Liberté.

*

Préambule

Petite, je me demandais pourquoi on naissait pour mourir, je me demandais quel était le sens de la vie. Je ne me souviens pas qu'on ait essayé de m'éclairer. Je me souviens plutôt que je gênais avec mes questions et qu'on me répondait de grandir pour comprendre. Cette réponse ne me satisfaisait pas. Une autre question me préoccupait : comment pouvait-il y avoir eu un monde avant moi et comment pourrait-il y avoir un monde après moi, non pas par rapport à ma personne, mais par rapport à ma perception de ce monde d'avant et d'après ? En fait, c'était la question du passage de l'avant à maintenant, et de maintenant à l'après. Comment et pourquoi ?

Aujourd'hui, je ne sais toujours pas comment, mais je sais que c'est pour aimer. Le sens de ce passage est d'apporter sa pierre à l'édifice de l'amour sur terre. La vie humaine ne sera pérenne que si l'amour triomphe.

C'est le chemin du Christ, et Il est venu sur terre pour nous montrer ce chemin, celui de la réconciliation, de la paix.

La rencontre fait le chemin.

C'est ainsi que j'ai retrouvé le divin, c'est ainsi que j'ai su qu'il est en chacun d'entre nous.

Désormais, je me sens plus forte, plus grande, accompagnée, et pleine d'amour, pour moi, pour l'autre, pour nous, au nom de Nous, éclairée par Jésus et tendrement soutenue par Marie.

Grâce à ces rencontres, j'ai trouvé le courage d'oser avec Dieu.

Grâce à ces rencontres, j'ai fait vivre ma foi ; j'ai confiance, car je sais qu'en étant attentive, vigilante, je suis guidée sur le chemin qui est le mien. Désormais, même si je suis régulièrement tentée, et que la tâche est complexe, j'accepte de lâcher mes désirs, mes croyances, ma volonté de plaire, parce que j'ai confiance, parce que je suis aimée de toute façon. Cela demande du courage.

Je vous invite à prendre ce chemin fabuleux, c'est la porte de la liberté, de la distanciation de nos souffrances humaines. Faire ce chemin seul est impossible, car il est long et difficile, mais il réserve de merveilleuses surprises qu'on ne trouve nulle part ailleurs ou autrement, et ce n'est pas faute d'avoir cherché avant cette ultime rencontre.

Je ne tente pas de vous convaincre, de vous faire croire, j'ai besoin de raconter, de transmettre et de publier. J'ai beaucoup reçu, parce que j'ai ouvert mon cœur, et je veux partager, montrer, aimer.

La décision d'entreprendre ce livre a été elle-même prise à la suite de la rencontre fortuite avec Véronique, biographe, à qui j'ai confié mon envie d'écrire sans avoir trouvé la forme de cet écrit. Quelques jours plus tard, éclairée dans la nuit, j'ai su que ce serait un témoignage de foi. J'ai alors repris contact avec Véronique et élargi mes recherches à d'autres biographes. Au-delà du bon contact avec Fabienne Soulard, un signe m'a été donné lorsqu'elle m'a dit avoir travaillé pendant plus de 10 ans pour l'émission *Le Jour du Seigneur*. Notre premier rendez-vous a confirmé mes ressentis. Une nouvelle belle aventure a alors commencé, je remercie Fabienne.

*

1.

Rencontre

Née du mariage entre Claudine et Étienne.

Claudine et Étienne sont originaires de Coëtmieux, près de Saint-Brieuc, dans les Côtes-d'Armor. Je ne connais pas grand-chose de leur rencontre malgré mes questions récurrentes de petite et jeune fille. Je sais que Clotilde, la mère d'Étienne, lui avait indiqué que, de l'autre côté du bourg, se trouvait une jolie jeune femme blonde. Je sais aussi que, jeune, Étienne a porté dans son cœur d'autres femmes. A-t-il fait un choix ? A-t-il voulu plaire à sa mère ? En tous les cas, il s'est marié avec Claudine au mois de mai 1966. Je suis née le 11 octobre 1968.

Belles et riches sont les Rencontres.
Comme une évidence, comme une reconnaissance,
Quelque chose se met en place ou recommence.

Déterminante fut la Rencontre avec Lui.
Belle et difficile fut notre Histoire,
Douceur, tendresse, et déchirure.

Par Amour pour Moi, je suis partie.
Je suis partie à ma Rencontre,
Avec comme seul Guide, mon Cœur, ma Lumière.

Par amour pour Lui, je n'ai jamais dit oui,
J'ai gardé mon Cœur en cage,
J'ai voyagé mon Corps en pleurs.

Le temps est venu de libérer mon Cœur,
De diffuser ses rayons dans mon Corps,
Et de sécher ses larmes.

Le temps est venu pour Cœur et Corps,
De Rencontrer d'autres Lumières,
De prendre de nouveaux chemins.

Merci la Vie !

2.

RENCONTRES MATERNELLES

Claudine ne voulait pas d'enfant, elle nous le disait, particulièrement dans ses colères. Je suis toutefois arrivée en elle, et cette expérience n'a pas dû être simple ni pour elle ni pour moi.

Elle ne voulait pas accoucher le 11 octobre 1968, elle voulait se donner un coup de couteau dans le ventre... Elle ne l'a pas fait, et je suis sortie.

Claudine a pleuré pendant quatre jours ; selon ses dires, ni Étienne ni ma grand-mère Clotilde ne comprenaient. Pourtant, je crois que Clotilde a compris beaucoup de choses, et elle m'a prise sous sa coupe. Dieu merci.

Elle ne veut pas d'Elle,
Elle a quitté son nid pour déployer ses ailes,
Pas pour s'occuper d'Elle.

Quoi faire, comment faire, avec Elle ?
Quoi lui dire, quoi lui apprendre ?

Elle ne veut pas d'Elle,
Elle est encore mieux sans Elle,
Elle sent encore ses ailes.

Elle est venue quand même.
Elle est heureuse d'être en Elle,
Elle est heureuse de sentir pousser ses ailes.

Elle veut voir la lumière,
Elle veut voir les couleurs,
Elle veut la voir.

Elle veut respirer l'air,
Elle veut, humer, entendre, toucher, sentir,
la Vie.
Elle a envie.

Elle ne veut pas d'Elle,
Elle ne veut pas la voir,
Elle ne veut pas la sentir,
Elle ne veut pas la toucher,
Elle ne veut pas l'entendre,
Elle ne veut pas s'occuper d'Elle.

Elle est sortie quand même.

Elle lui a donc volé ses ailes.
Alors elle devra faire comme Elle, sans ailes.

Mais Elle ne veut pas faire sans ailes.
Elle devra donc faire sans Elle,
Pour déployer ses ailes.

Maman a repris son travail, et Clotilde, qui vivait dans une maison mitoyenne à la nôtre, s'est occupée de moi. Je partageais son quotidien. Clotilde est morte le 25 avril 1970, le jour du baptême de mon frère, Olivier. J'avais un an et demi. La fête se préparait à la maison, Clotilde s'est sentie mal, elle a confié Olivier qu'elle tenait dans ses bras à maman, et elle est morte quelques heures après d'une congestion cérébrale. Selon maman, j'ai pleuré toute la journée, je cherchais ma grand-mère partout des yeux. Toujours selon maman, à compter de ce jour, et pendant quelque temps, je ne voulais plus manger.

La mer, les vagues, l'écume, les jours
La mère, la vie, la mort, l'amour
L'amer, l'amande, la bière, la bande.
L'âme erre.

Je vois la mer,
J'entends la mer,
Je sens la mer.
L'âme erre.

La mère est là,
La mère s'en va,
La mère revient.
L'âme erre.

L'amer salé,
L'amer sucré,
L'amer brûlé.

Clotilde était partie, mais je ne l'avais pas perdue puisque j'allais la retrouver, elle allait ressusciter. La messe du dimanche était mon rendez-vous avec elle, je lui racontais ma semaine, je priais, j'aimais faire une des lectures dominicales. Les heures de catéchisme étaient les moments où je cherchais les réponses à mes questions sur le sens de la vie, et sur la manière dont j'allais retrouver ma grand-mère. Je questionnais : pourquoi, comment ? J'imaginais que nous allions nous retrouver autour d'une table, mes parents, mon frère, ma grand-mère et moi. Un jour, j'ai révélé mon scénario à une institutrice, et j'ai demandé si c'était cela la résurrection. Elle me répondit que non, ce n'est pas comme ça que ça allait se passer. La réponse m'a fait très mal. Et pourquoi ? Comment alors ? Je ne me souviens plus de la réponse ; est-ce que je n'ai pas voulu l'entendre, est-ce qu'il n'y en a pas eu, est-ce qu'elle ne m'a pas satisfaite, est-ce que je ne l'ai pas comprise ? Ce qui est sûr, c'est qu'elle m'a fait très mal. Il y a eu une rupture à ce moment-là. D'autant plus qu'à peu près au même moment, on m'a annoncé de manière brutale que le père Noël n'existait pas. Ce fut deux coups durs pour moi.

J'étais une petite fille souriante, pleine de vie, j'aimais être entourée, sentir l'amour, ici et là-bas, avec ma grand-mère, le père Noël, et les autres. Et tout cela était donc mensonge. J'ai pleuré, et mes pleurs n'ont pas été reçus ; ce n'était pas si grave, il fallait bien que je sache tout cela un jour, j'étais grande maintenant.

Cependant, ma grand-mère m'avait transmis quelque chose de fabuleux, de précieux : la joie, l'amour, la vie, et je ne voulais pas les perdre, alors je cherchais ailleurs. Et Dieu merci, il y avait ma tante paternelle Marie, ma grand-tante paternelle Pauline, une grand-mère voisine, dont j'ai oublié le prénom, autant de femmes avec qui je passais beaucoup de temps, et chez qui je sentais cet amour. En plus, elles me parlaient de ma grand-mère.

Alors j'ai fait avec ou sans.

Chez certaines de mes amies, et particulièrement chez Fabienne, rencontrée à l'école maternelle, chez Chantal, rencontrée à l'université, chez Jeanine, une de mes premières collègues de travail, j'ai trouvé ce côté maternel, et je ne les ai jamais quittées. J'ai entretenu ces relations.

Dès la maternelle, Fabienne recevait mes confidences sans jugement, et elle était toujours prête à m'écouter et à m'aider.

Chantal préparait les repas, s'occupait du linge, prenait soin de mes cheveux lors de notre cohabitation étudiante. Plus tard, durant mes pérégrinations après ma reconversion professionnelle, Chantal a toujours veillé à ce que j'ai un toit.

Très vite, j'ai appelé Jeanine « ma maman parisienne », ce qui en dit long sur la nature de ma relation avec elle. Nous n'avons pas eu l'occasion de collaborer professionnellement, mais une complicité s'est rapidement installée entre nous. Nous avons partagé de nombreux moments conviviaux, festifs et de confidences. Jeanine m'a accueillie chez elle dans des moments douloureux. La richesse de ses expériences, son écoute, son ouverture d'esprit, sa générosité me sécurisent. J'appelle Jeanine à chaque fête des Mères.

Bien des années plus tard, au tournant de mes 40 ans, il y a eu Malou en Dordogne, chez qui j'ai vécu quelque temps. Comme avec mes tantes et ma grand-mère voisine d'enfance, j'ai partagé avec Malou des moments dans la cuisine ou dans la buanderie. Je l'ai également accompagnée à l'église lorsqu'elle y allait pour l'entretien ou la réalisation de la crèche à Noël. Sa compagnie me faisait beaucoup de bien. Après plusieurs Noëls passés seule, mon premier Noël en famille s'est déroulé chez Malou. Ces retrouvailles m'ont touchée et profondément remuée, au point de faire un malaise vagal en fin de journée...

Après la Dordogne, j'ai poursuivi mon chemin à Saint-Raphaël où j'ai passé plusieurs mois, d'abord chez la fille de Jeanine, puis chez Clara que je venais de rencontrer. Elle m'a ouvert les portes de sa maison et a accepté de me louer une chambre malgré ma situation sans emploi. Clara m'a fait confiance et m'a laissé les clés de sa maison dès le premier jour. « Quand je suis arrivée d'Italie, j'avais 18 ans, la France m'a accueillie. Hier, vous avez frappé à ma porte, j'ai tout de suite senti que vous étiez quelqu'un de confiance, alors aujourd'hui j'accepte de vous louer la chambre. » Les quelques mois de partage chez Clara ont été d'un grand réconfort.

C'est durant ces mois que j'ai pris la décision de continuer ma route et de retourner en Bretagne. Je l'avais quittée douloureusement, mais consciente à ce moment-là que ma guérison passait par l'éloignement de mes racines alors toxiques. Ce fut salvateur.

À mon retour, j'ai tenté de me rapprocher de maman, mais ce n'était pas encore possible. Alors j'ai pris un peu de distance et j'ai passé six ans à Lorient, ville séduisante, située ni trop loin ni trop près de mes racines. J'ai voulu m'y installer, y construire. Malgré mes tentatives, rien ne s'est fait. Sans en avoir conscience, j'allais préparer mon retour aux sources, dans ma commune d'origine.

ELLE

Elle est heureuse.
Elle a trouvé des Elles qui la prennent sous leurs ailes.

Elle aime la Vie,
Elle aime les gens,
Elle aime les champs,
Elle aime lire,
Elle aime écrire,
Elle aime chanter,
Elle aime découvrir.

La Vie est simple,
La Vie est souriante.

Puis le temps est venu de déployer ses propres ailes.
Elle doit faire sans Elle,
Car Elle veut lui couper ses ailes.

Alors Elle emprunte des ailes,
Elles sont belles, mais ce ne sont pas ses ailes.

SES AILES DÉLIVRÉES

Des rencontres, des amours, des voyages, des ruptures,
Des joies, des bonheurs, des émois, des douleurs,
Elle a grandi avec ses autres Ailes,
Elle a trouvé une place avec ses autres Ailes.

Mais Elle n'est pas à sa place.
Ce ne sont pas ses Ailes.

Ses Ailes étouffent, ses Ailes meurtrissent,
Elle les entend, Elle les écoute.

Un amour difficile,
La fin d'une ligne droite,
Un tournant à l'horizon,
C'est le moment de délivrer ses Ailes.

Ses Ailes déployées

Nouvelles rencontres, nouvelles expériences, nouveaux voyages, nouvelles ruptures, déracinement,
Nouvelles joies, nouveaux bonheurs, nouveaux émois, nouvelles douleurs, nouvelle Terre,
Elle cherche sa nouvelle place avec ses nouvelles Ailes.

Elle les aime ses Ailes,
Elle les a délivrées,
Elle veut les déployer.

Elle se cherche, Elle se découvre, Elle se trouve,
Sans Elle, car Elle veut toujours lui couper ses Ailes,
Avec Elles, avec Eux, celles et ceux qui l'acceptent avec ses Ailes.

Elles sont belles ses Ailes,
Elle brille avec ses Ailes,
Elle gêne avec ses Ailes,
Mais Elle n'est pas gênée avec ses Ailes.
Elle continue à les déployer,
Car elles sont immenses ses Ailes.

Elle, Libérée

*Elle veut voler avec ses Ailes déployées,
Alors Elle doit s'alléger, se libérer.*

*Rencontres, voyages, expériences, retour
aux racines,
Retrouver sa Terre, retrouver sa Mer,
Se réconcilier avec Elle, qui veut toujours
lui couper ses Ailes.*

*Se libérer pour voler,
Se libérer pour pardonner,
Se libérer pour aimer,
Se libérer pour aider.*

*Elle veut guider,
Guider à déployer ses Ailes,
Guider à voler de ses propres Ailes.*

*Elle, libérée, va libérer,
Elle, libérée, va honorer,
Elle et toutes les Elles.*

Je voulais me réconcilier, et particulièrement avec maman, mais c'était le plus difficile à réaliser. Alors j'ai œuvré, j'ai prié, je me suis confessée, j'ai pleuré, et un jour, au tournant de mes 50 ans, j'ai rencontré Corinne, une propriétaire du centre Bretagne qui m'a offert le gîte. Grâce à nos échanges, à ses suggestions de lectures, de musiques, malgré les larmes et la douleur physique, j'ai accepté d'ouvrir les bras à Marie, la mère du Christ. Quelques jours après, je revenais dans ma commune d'origine et je trouvai un terrain et un constructeur de maisons. Ainsi je revenais et je reconstruisais du neuf sur le passé. Je le vivais, et je le vis toujours, comme une belle victoire. Depuis Marie est dans mon cœur.

La souffrance est désormais pacifiée, mais elle demeure. Grâce à Marie et son manteau de tendresse protecteur, la souffrance n'est plus destructrice, elle ne m'empêche plus de vivre. Désormais, je peux affronter les mots et les actes de maman, dépasser mes peurs, car je veux aimer maman telle qu'elle est, tout en étant celle que je suis en vérité.

Nous sommes Un.
Nous sommes un Corps.
Nous sommes le Corps du Christ.

Chacun a sa place dans le Tout.
À sa place, chaque un est le Tout.

En chaque un est la Puissance, la Gloire.

Ma place est proche des miens.
Lier, Unir, Réunir.
Pour mon bien, pour le Bien.

Pour Lui,
Avec Lui,
Et en Lui.

*

3.

RENCONTRES PATERNELLES

Étienne était un homme plein d'amour. Ni expressif ni démonstratif, il n'était pas tactile, il ne m'a jamais dit qu'il m'aimait - ou du moins, je ne m'en souviens pas - mais son regard et son sourire en disaient long. Ses yeux et ses lèvres étaient pleins d'amour. Merci papa.

Papa est mort d'une crise cardiaque foudroyante à 49 ans, j'en avais 24. Je terminais mes études quelques mois après ; or, mon parcours était une de ses grandes fiertés et ainsi une de mes principales motivations. Désormais, il n'était plus là.

Le jour de sa mort, j'ai compris cette nostalgie que j'avais ressentie lorsque je l'avais quitté quelques jours avant, et l'insomnie que j'avais vécue la veille de sa mort. Il me manquait déjà terriblement. J'aurais aimé être là, j'avais des choses à lui dire et à lui demander. Trop tard. Je devais faire autrement maintenant.

À l'annonce de sa mort, le ciel m'est tombé sur la tête, et j'ai très vite pensé que j'aurais préféré que ce soit lui qui reste. Il me laissait seule avec maman, je lui en voulais. J'étais en colère, en colère contre la vie, contre lui, contre maman, contre le monde entier. Et je pensais avec beaucoup de douleurs à mon frère, car je savais à quel point lui aussi allait souffrir, ça, je ne le supportais pas non plus. Pas mon frère. J'avais également peur de sa réaction, car je savais qu'elle pouvait être destructrice. Comment faire ? Papa, tu n'avais pas le droit de me laisser seule !

Comment cela était-il possible ? Comment Dieu, s'il y en avait un, pouvait-il laisser faire ça ? Le jour de l'enterrement, j'ai entendu : « Étienne a été appelé à quitter ce monde. » Non ! S'il avait eu le choix, il serait resté, il ne nous aurait pas laissés. J'étais révoltée.

J'ai proposé à mon frère d'écrire un texte en notre nom et de le lire le jour des funérailles. Il m'a encouragée à le faire. Cependant, le prêtre était réticent à cette idée. Je me suis battue pour le faire, et je l'ai fait. L'attitude du prêtre a renforcé ma colère et mon amertume.

Tout cela faisait beaucoup, trop même, et je ne voulais plus entendre parler de religion. Désormais, je ferais sans, j'ai rompu et j'ai dénigré.

En fait, j'ai cru avoir été trompée, puis j'ai cru rompre, j'ai cru pouvoir faire sans, faire seule. Désormais, je sais que sans la foi, sans l'amour, je serais morte.

La foi m'a sauvée ; malgré la violence, les séparations, les ruptures, la maladie, je suis en vie et j'ai toujours aimé la vie. Ma foi se manifeste dans mon rapport aux autres, dans ma joie, mon sourire, ma force, mon envie, ma passion.

La foi retrouvée m'a permis de rencontrer Dieu le Père, de Lui dire oui, et de m'abandonner à Lui. Lors d'une nuit, dans un songe, j'ai levé les bras au ciel alors que je m'apprêtais à passer sous une voûte de couleur rose pâle et décorée de plâtres blancs, et j'ai dit oui. Lorsque j'ai confié ce songe à un prêtre, j'ai versé de grosses larmes, car, d'une part, sans le comprendre vraiment, je savais que j'allais vers une libération, et d'autre part, j'avais peur. Aujourd'hui, je sais que c'est à Dieu que je me suis adressée quand je lui ai dit oui, quand je me suis engagée, et que mes peurs étaient injustifiées, car grâce à cet engagement la vie allait devenir surprenante, lumineuse, et grande. Certes, je passe par des douleurs, mais, et surtout, par de grandes joies et je m'apaise. La paix s'installe en moi. Cela est juste merveilleux car c'est doux.

*

4.

RENCONTRES FRATERNELLES

Olivier est le portrait d'Étienne, les mêmes yeux, le même regard, le même sourire. Et comme Étienne, c'est un homme bon. La relation est fusionnelle. Rien ni personne ne peut l'empêcher, elle est indéfectible. Elle est complice, elle est sans jugement, elle a aussi ses difficultés, ses tensions, mais l'amour est là.

Olivier est marié à Florence, ils ont deux enfants, Amandine et Mathis. Des tensions relationnelles nous ont éloignés durant plusieurs années. Nous n'avions plus aucun contact. C'était difficile ; j'étais déçue, blessée, mais je comprenais qu'il en était de même pour mon frère et sa famille. Alors j'ai accepté, tout en restant convaincue que nous nous retrouverions. Nous nous sommes retrouvés depuis un an. Enfant au moment de la rupture, Mathis est maintenant adolescent. Je fais le vœu qu'une belle relation se construise. J'ai confiance.

Grâce à ces rencontres, Olivier a fondé une famille et il s'est construit. Je rends grâce.

J'ai rencontré Karine C. à l'école primaire, mais je me suis rapprochée d'elle lors de son épisode anorexique à l'adolescence ; j'ai été particulièrement touchée et bienveillante. Lorsque, adulte, j'ai moi-même développé les symptômes anorexiques, j'ai compris mon attitude protectrice vis-à-vis de Karine. Depuis Karine a rencontré son mari Olivier, ils ont deux fils et tout va bien. Je rends grâce.

Au tournant de mes 40 ans, lorsque j'ai rencontré Karine L. à Rennes, cela a été une évidence, comme une amitié retrouvée. Je reçois et apprends beaucoup à ses côtés. La relation est très facile car peu de mots suffisent pour se comprendre. Merci Karine. J'ai été très bien accueillie par son mari et ses enfants. Merci à eux.

De manière similaire, à Lorient, nous avons échangé quelques mots avec Noëlle et nous sommes très vite livrées l'une à l'autre, comme si nous nous étions toujours connues. C'était un après-midi ensoleillé de mai 2015 alors que nous partagions le même banc au port de pêche. Depuis Noëlle m'accompagne sur mon chemin sans jugement, et avec beaucoup d'empathie et de sympathie.

À mes débuts professionnels, la rencontre avec Isabelle a été très formelle. Sur le lieu de travail, nous nous sommes saluées d'une poignée de main qui, malgré sa solennité, ne m'a pas laissée indifférente. Quelque chose s'est passé. Progressivement, Isabelle et moi nous sommes davantage connues et appréciées. J'ai beaucoup de respect pour ses choix de vie : être la maman de quatre enfants, mener une carrière de cadre supérieure et accorder du temps à sa famille et à ses amis. Selon elle, et surtout selon son expérience maternelle, le cœur est extensible à l'infini. Isabelle est croyante et a grandi dans une famille croyante. C'est certainement ce que j'ai senti dès notre poignée de main. Aujourd'hui, Isabelle me fait rencontrer des personnes engagées qui me font progresser dans la foi. Merci Isabelle. Isabelle est une femme épanouie, belle et joyeuse, nourrissante.

Au même moment et dans le même cadre, j'ai rencontré Séverine, toutefois la rencontre s'est vraiment produite lorsque Séverine a vécu une rupture amoureuse difficile. La relation professionnelle a laissé place à une relation personnelle qui a persisté en profondeur. Séverine m'a donné un prisme différent sur la religion, un prisme mystique enrichissant. Merci Séverine.

Toujours à la même période et dans la même entreprise, j'ai rencontré Michel. Michel s'est très vite révélé être une personne soutenante, pleine d'humour et de caractère, à qui je me suis toujours confiée. Aujourd'hui, je constate que je peux échanger avec Michel sur ma foi, mon chemin.

Caroline est l'ancienne compagne de mon frère. Je suis toujours restée extérieure à leur histoire. Aussi notre amitié a-t-elle perduré. Nous sommes d'accord toutes les deux sur le fait que leur rencontre a permis la nôtre. Merci Seigneur. Caroline est une personne très ouverte et présente, quel que soit le sujet, qu'elle le partage ou non.

Bien des années plus tard, en arrivant à Lorient, j'ai rencontré Sylvie à l'accueil de la mairie, accueil souriant et lumineux. Sylvie est une mère et une sœur. Sylvie est créative aussi, elle peint, elle écrit, et m'a offert un très beau texte écrit dans le cœur du Christ : « Un Nid ». À ce moment-là, je m'apprêtais à quitter Lorient pour rejoindre mes sources.

Un Nid

Les oisillons grouillent et s'agitent.
Ils ont faim.
Ils ont besoin d'une Mère.
La Mère nourricière.
Il est nécessaire de s'en occuper,
Il est impératif de leur donner de la nourriture.
Ainsi
Les accompagner, les rendre forts.

Jeunes oisillons emplis de vitalité et d'énergie.
Leur Mère de cœur les a élevés,
Les a abreuvés, nourris.
L'espoir a ravivé leur petit corps chétif et abandonné.
Et maintenant, Grâce à Elle, Ils s'envolent à tire d'ailes,
Et aussi,
Hauts dans le Ciel,
Remercient la Mère-veille.

Poème reproduit avec l'aimable autorisation de Sylvie.

J'ai rencontré Patrick autour d'un verre dans un bar lorientais, puis nous nous sommes retrouvés de manière très fréquente, autour d'une soupe, d'un apéro, au marché ou lors d'une balade en nature ou en bord de mer. Nous pouvons aborder tout sujet et, en cas de besoin, Patrick fera ce qu'il peut pour m'aider à trouver une solution.

Gaëlle, propriétaire d'un immeuble à Lorient, m'a loué un studio meublé alors que j'arrivais à Lorient sans emploi. Nous avons fait connaissance par téléphone. Dès notre première rencontre dans l'escalier de l'immeuble, nous nous sommes reconnues, et nous avons échangé largement et librement. Très vite, Gaëlle m'a invitée dans sa famille qui m'a généreusement accueillie dans un bel environnement. Gaëlle est une très belle et généreuse personne, très attachée à l'unité de la famille.

*

5.

RENCONTRES AMOUREUSES

Je suis une amoureuse, une rebelle aussi. Petite, malgré les interdits, j'écrivais des mots à mes amoureux en classe ou dans la cour, je donnais des rendez-vous pour des bisous. Adolescente, j'étais romantique, j'ai eu plusieurs flirts, et là encore, malgré les interdits, j'aimais les retrouver pour des moments tendres, mais aussi festifs, et danser toute la nuit. Mon rêve était de vivre un grand amour, de me marier et d'entrer dans l'église aux bras de mon père. Ce scénario ne s'est pas réalisé. Pour autant, j'ai été aimée, j'ai vécu de très beaux moments et j'ai aussi versé de nombreuses larmes.

J'ai vécu quatre amours.

La rencontre avec Cédric a été la rencontre d'une âme. Quelque chose s'est passé en moi, mon cœur et mon esprit ont été retournés.

La rencontre s'est faite au tournant de mes 30 ans, sur une piste de danse, à l'occasion d'une soirée d'entreprise. Son regard et son sourire m'ont transpercée. La soirée a été sensuelle à l'image de nombreux moments à venir. Rien n'a plus été pareil depuis.

> *Je rencontre ton âme, je Te rencontre, je Te reconnais,*
> *Je découvre mon âme, je Me rencontre,*
> *Je T'aime.*
>
> *Tu es, Je suis,*
> *Nous jouons aussi, nous nous aimons.*
> *Nous nous aimons car nous jouons,*
> *Nous jouons car nous nous aimons,*
> *C'est notre Relation.*
>
> *Tu es, Je suis,*
> *Nous rêvons aussi, nous nous aimons.*
> *Nous nous aimons car nous rêvons,*
> *Nous rêvons car nous nous aimons,*
> *C'est notre Relation.*
>
> *Tu es, Je suis,*
> *Nous apprenons aussi, nous nous aimons.*
> *Nous nous aimons car nous apprenons,*
> *Nous apprenons car nous nous aimons,*

C'est notre Relation.

Nous montrons autre chose,
Nous montrons car nous créons la Vie,
Nous créons la Vie car nous montrons
Autre chose.

Merci !
Je t'aime !

Notre histoire a duré quelques années, et elle a été très forte, passionnelle, avec tout ce que la passion comporte de bon et de mauvais, et en l'occurrence de destructeur, ce que je ne pouvais pas accepter, ni pour moi, ni pour lui, ni pour nous.

Depuis cette rupture, je vis seule, sans rencontre amoureuse, sans envie ni besoin d'en avoir, et je traverse mes joies, mes peines, mes rencontres, portée par cet amour. Néanmoins, le partage me manque. Jusqu'à la rencontre avec l'amour du Christ, il n'y avait pas de place dans mon cœur pour autre chose. Mon cœur s'était figé. Aujourd'hui, il est souple, ouvert, et je sais que je suis capable d'aimer.

Je rends grâce de la rencontre avec Cédric.
Il a posé les yeux sur Elle.
Elle l'a reconnu.
Ses yeux l'ont reconnu.
Son visage a rayonné,

Son corps s'est déchaîné,
Son esprit s'est éveillé,
Elle s'est mise à nu.

La raison l'a chahutée,
Mais Elle s'est abandonnée,
Elle a abandonné.

Trop tôt ? Trop tard ?
Le temps n'existe pas.

Elle était prête à l'accueillir,
Elle n'était pas prête à le recevoir.

Plaisir, désir ; Désir, plaisir,
Ne suffisent pas.

Elle n'était pas guérie,
Elle n'était pas libérée.
Elle était en chemin, vers Elle.
Elle a croisé son chemin,
Elle l'a reconnu,
Elle s'est arrêtée,
Elle l'a accueilli.

Trop tôt ? Trop tard ?
Le temps n'existe pas.

Elle n'a pas pu, Elle n'a pas su,
Le recevoir.
Plaisir, désir ; Désir, plaisir,
Ne suffisent pas.

Son Cœur a saigné,
Son Corps a abandonné,
Mais son sourire a continué,
Ses yeux ont toujours brillé,
Car Elle l'a vu,
Elle l'a reconnu,
Elle a vécu.

Puis Elle a voyagé, Elle a roulé,
Elle a appris, Elle a guéri.
Il l'a toujours accompagnée.

Trop tôt ? Trop tard ?
Le temps n'existe pas.

Benoit et Jean-Christophe, mes amours adolescents, ont décidé de mettre fin à notre histoire. « Je méritais mieux », m'ont-ils dit. « Facile », ai-je répondu.

J'ai été très touchée par leur regard, leur sourire et leur forte attention pour moi.

Benoit m'a laissée pour une autre femme, et il est mort d'un accident de voiture à peine deux ans après. J'étais bouleversée.

Jean-Christophe a également choisi une autre femme. Ce chagrin a duré de nombreux mois.

J'ai alors rencontré Laurent, et j'ai été séduite par son regard, j'avais 19 ans. À 20 ans, j'ai voulu mettre fin à notre histoire, et je me suis laissé attendrir, j'ai espéré aussi certainement, jusqu'à environ 30 ans. J'ai partagé une longue étape de ma vie avec un homme bon, intelligent, curieux ; merci Laurent.

Au travers de mes amours, j'ai cherché vainement l'amour du Christ, j'ai vainement voulu donner tout l'amour que je sentais en moi. J'ai souffert de ce manque d'amour et de partage. J'ai souffert de ne pas pouvoir recevoir l'amour d'un homme. Je devais le comprendre et le vivre. Seul l'amour du Christ peut répondre à mes attentes. Désormais, j'aime dans l'amour du Christ, en acceptant ma condition humaine et celle des autres. Quand des situations sont difficiles, je les Lui remets. Quand des situations sont joyeuses, je rends grâce et je Lui partage ma joie de les vivre.

*

6.

Rencontres professionnelles

La rencontre avec Patrice n'a pas été une évidence. J'ai intégré l'entreprise en tant que stagiaire de fin d'études supérieures, sous la responsabilité du directeur général. Une proposition d'embauche m'a été faite à l'issue du stage, avec une mission qui m'a conduite à travailler avec Patrice, et la collaboration a été facile et épanouissante. Patrice m'a transmis de nombreuses connaissances, a été très attentif à ma montée en compétences et très attentionné. Nous avions également des réflexions extra-professionnelles qui m'ont permis d'avancer. Toutefois, mon fort besoin d'autonomie et la personnalité paternaliste de Patrice m'ont amenée à prendre de la distance.

À l'inverse, quelques années plus tard, la rencontre avec Jean-Yves, et notre collaboration basée sur la confiance et l'échange, a facilité la révélation de ma personnalité meneuse et fédératrice. En outre, cette rencontre, à l'instar de la précédente, m'a permis d'avancer grâce à de beaux échanges et une complicité.

Ces deux rencontres ont eu lieu pendant mon parcours dans l'entreprise Stalaven, qui elle-même fût une rencontre. Entreprise familiale, elle laissait la place à l'humain, à l'expression, à l'autonomie et à l'évolution. J'y ai occupé différents postes dans lesquels j'ai géré des projets et des équipes marketing et commerciales. Je souhaite à chacun une telle rencontre d'entreprise. Je rends grâce.

À la suite d'un bilan de compétences et de ma décision de reconversion vers un métier centré sur l'humain et son épanouissement, j'ai quitté Stalaven ; décision nécessaire à ce moment de vie, j'avais 40 ans, largement réfléchi, néanmoins le départ a été douloureux. Je perdais une stabilité et une famille. Les années suivantes furent compliquées, entre autres avec l'apparition de la maladie. Je perdais beaucoup de poids sans explication médicale, j'avais de nombreux symptômes anorexiques sans en avoir le comportement. Je ne comprenais pas, mais je sentais mon corps s'exprimer de manière mortifère, sans perdre mon énergie, ni ma volonté d'avancer et de gagner. Je n'ai jamais perdu confiance, même au moment le plus critique. C'est à Bergerac que j'ai commencé à reprendre du poids, sans pour autant adopter la légendaire gastronomie périgourdine, mais en vivant dans les vignes et au sein d'une famille.

La maladie m'a fait prendre conscience des douleurs morales enfouies en moi depuis si longtemps. Elles avaient ressurgi dans la fragilité engendrée par mon grand tournant de vie. Elles se sont alors exprimées par le corps, elles se sont rappelées à mon esprit. Aujourd'hui, je crois que c'est le traumatisme de la perte de ma maman de cœur, Clotilde, qui se libérait. Le mal avait dit la blessure de l'âme. C'est selon moi le sens de la maladie. L'occasion m'a été offerte de guérir. J'ai accepté par amour et joie de vivre. Je ne voulais pas mourir, ce n'était pas le moment, j'avais encore des choses à réaliser.

Nommée est la blessure,
Guérison ou abandon ?
Joyeuse, je suis,
Accepté est le défi.

Corps bloqué,
Esprit perturbé,
Rejet provoqué,
Colère engendrée.

Guérisseuse je suis,
Amour, Nature, Pardon,
Le corps se libère,
L'émotion s'efface,
La paix s'installe,
La femme prend sa place.

La blessure se referme,
La femme se libère,
Les femmes se libèrent.

À maman,
À Maria,
Et à toutes les autres.

La reconversion professionnelle a nécessité trois ans de reprise d'études universitaires en psychologie.

Faire des études, et donc des recherches en psychologie à 40 ans, c'est fabuleux. Elles m'ont donné des clés de compréhension et une ouverture d'esprit. Ainsi, en comprenant et en acceptant d'autres modes de fonctionnement, elles ont participé à me conduire sur le chemin de l'amour. D'ailleurs, l'envie du voyage au Laos à l'issue de ces études est vraisemblablement symbolique d'une ouverture spirituelle qui se faisait à ce moment-là.

En même temps, ces années ont été marquées par l'abandon d'un confort de vie, par une dématérialisation, un retour à l'essentiel, et par des ruptures sociales et relationnelles.

Prendre le chemin est une démarche solitaire et initiatique ; une rencontre avec soi, une merveilleuse aventure sans fin, à savourer au fil du chemin, sans rien attendre du lendemain, à vivre dans l'instant et l'espérance.

Ensuite, j'ai eu diverses expériences professionnelles, et notamment dans un domaine viticole en Dordogne, près de Bergerac, où j'ai travaillé dans un magnifique environnement, et ce, grâce à la rencontre de Brigitte, vigneronne dans la même région.

Je résidais alors à Rennes et je m'étais rendue au salon des vignerons indépendants. J'avais tout de suite été attirée par la signalétique du stand de Brigitte : une étiquette de sa gamme de vins, réalisée par les Beaux-Arts, et cette attirance avait été renforcée par le fait que le vin était produit par une femme. Nous avions longuement échangé, et nous avions constaté que nous avions un parcours similaire, un point de vue commun sur le sens de la vie, et, à quelques années près, un jour d'anniversaire très proche. Compte tenu de nos interrogations respectives de l'époque, Brigitte m'avait suggéré de venir passer quelques jours en stage sur son exploitation.

Quelques semaines après, je suis arrivée à Bergerac en covoiturage, puis en train, et j'ai eu un bel accueil dans la famille de Brigitte. Dès le lendemain, lors de ma balade matinale dans les vignes, j'ai été envahie d'une très forte émotion, puis j'ai versé de grosses larmes. J'ai senti qu'il se passait quelque chose entre la terre et moi, comme des retrouvailles. Mes pensées se sont portées vers ma grand-mère Clotilde. Sans en comprendre la raison, je me sentais joyeuse et rassurée.

De retour à Rennes à l'issue de ce stage, ma tête et mon cœur ne quittaient plus les vignes. J'ai alors pris la décision de quitter Rennes avec l'intention de m'éloigner de mes racines destructrices et de construire autre chose près de Bergerac. Je savais que mon chemin passait par là.

Quelle douleur de quitter la Bretagne, surtout dans la perspective de ne plus y revenir ! Pourtant c'était nécessaire. J'ai pris cette décision au moment où mon poids était très critique. Arrivée à Bergerac, j'ai trouvé un logement, un travail, et une famille. J'ai été accueillie.

Malgré mes tentatives, je n'ai pas pu construire à Bergerac. Alors j'ai continué ma route, et elle m'a menée à Saint-Raphaël. J'ai senti qu'y passer quelque temps me ferait du bien, je retrouvais la mer, le vent.

J'arrivais au bout d'un parcours : allais-je traverser la mer, vers le Maroc par exemple, ou faire demi-tour vers la Bretagne ?

J'ai trouvé mon logement chez Clara, puis du travail dans le tourisme immobilier, et même si j'ai été tentée, j'ai senti très vite que je ne traverserais pas la mer. J'ai fait demi-tour à l'issue de mon contrat de travail pour mettre le cap sur le Morbihan. Pourquoi ? Je ne savais pas vraiment : la douceur de la température et du relief ? Le seul département breton que je n'avais pas encore tenté, en dehors de séjours touristiques ? Peu importe, je le sentais, j'y allais, je retournais, et quel retour ! J'ai beaucoup pleuré sur la route. Je savais que j'allais vivre des moments douloureux mais je devais le faire.

J'ai eu besoin de faire un passage chez maman ; il a été douloureux, et a confirmé le fait que le cap était ailleurs en Bretagne. Alors j'ai repris ma voiture, direction le Morbihan, et après une ou deux étapes, elle m'a conduite à Lorient. J'ai trouvé un logement grâce à la confiance de Gaëlle, puis j'ai monté un projet, fait des rencontres, découvert et aimé Lorient, son accueil, son âme, son ouverture, sa douceur, ses ports et leur invitation au voyage. J'ai aussi réalisé que j'y étais déjà venue deux ou trois fois avec Cédric...

Je suis restée six ans à Lorient.

Je me suis installée assez rapidement et facilement en tant que psychologue libérale dans un local spacieux et atypique grâce à la rencontre avec Mila, une thérapeute. J'ai rencontré Mila sur un salon du bien-être, je me suis arrêtée sur son stand qui présentait l'entreprise qu'elle avait aussi avec son mari : la livraison de produits bio à domicile. Par son histoire, ce couple me surprenait et me touchait.

Je ne développais pas beaucoup d'affaires dans ce local, et j'attirais surtout des clients pour l'entreprise de Mila et son mari. Toutefois, prendre soin du local, faire connaître, promouvoir, me faisait du bien. Un jour, j'ai reçu un appel téléphonique de Béatrice, que j'avais rencontrée en entrant dans sa boutique d'art et décoration à Port-Louis, sur la presqu'île face à Lorient. Béatrice préparait son voyage annuel en Inde pour plusieurs mois et me proposait de me prêter sa maison pendant son absence en échange de tenir son magasin. Quelle opportunité ! Retrouver le commerce, prendre soin d'une maison, promouvoir un métier d'art ! C'était d'accord ! Cap sur Port-Louis ! Nouvelle expérience !

C'est dans l'atelier de Béatrice, en 2016, que j'ai commencé à écrire les poèmes qui parsèment ce récit.

C'est également à ce moment-là que j'ai rencontré Anne-Paule, gérante de l'épicerie fine-cave à vins de Port-Louis. Le courant est passé tout de suite, et à l'occasion d'une balade en bord de mer, Anne-Paule m'a fait des confidences qui résonnèrent en moi et confirmèrent mes premiers ressentis. À l'issue de ma mission pour Béatrice, Anne-Paule m'a proposé de la remplacer pour quelques jours. C'est d'accord ! Après une journée de formation, j'ai tenu la boutique avec joie ! Je continuais le commerce et je retrouvais le vin, tout allait bien ! Cette mission pour Anne-Paule s'est renouvelée à plusieurs reprises, toujours avec joie.

Pour clôturer ce chapitre de rencontres professionnelles, après Stalaven, j'ai rencontré deux autres entreprises : le CIDFF35 (Centre d'information sur les droits des femmes et des familles) et le CLPS35, un centre de formation pour adultes et jeunes déscolarisés. Pour ces deux structures associatives, j'ai effectué des missions de conseillère-psychologue en insertion professionnelle. Dès que je suis arrivée dans les lieux du CIDFF35, je me suis sentie chez moi, dans un milieu féminin. Après ma mission, j'y ai fait du bénévolat, et en arrivant à Bergerac, j'ai très vite pris contact avec le CIDFF24. Pour ce qui est du CLPS35, redonner confiance à des jeunes déscolarisés a donné beaucoup de sens à ma mission, et de plus j'ai découvert un monde, un mode de fonctionnement que j'ignorais et qui m'a conduite à quitter des certitudes, à ouvrir mon champ de vision sur le monde. Je ne crois plus notamment à l'adage « quand on veut, on peut » ; la volonté ne suffit pas toujours pour agir. Je me suis également rendu compte que mon exigence était basée sur mon propre référentiel ; ce qui pouvait être un progrès pour l'autre ne l'était pas forcément pour moi. Mes expériences m'ont rendue plus souple et compatissante. Je rends grâce.

*

7.

Rencontres spirituelles

Quelle patience a le Christ, quel amour intense il est, quelle bonté, quelle abondance même, il y en a pour tout le monde, tant qu'on veut, comme on veut, quand on veut, et si on veut. Un amour libre et libéré, l'amour.

J'ai compris ce merveilleux amour, car je l'ai vécu une nuit d'octobre 2019, quelques jours avant mon anniversaire. Alors j'ai compris que nul autre ne pouvait me donner un tel amour. Ma quête humaine de cet amour était vaine.

Cette nuit-là, j'étais dans mon lit, endormie. J'ai ressenti une vague d'amour dans mon corps et dans mon cœur, avec une intensité que je ne connaissais pas. Cette vague m'a remplie de joie, et m'a réveillée. Très vite, j'ai pensé à Cédric. Certes, depuis toujours, j'avais vécu avec lui des moments analogues, mais là je savais que ce n'était pas lui, ou plutôt pas uniquement lui. Néanmoins j'ai partagé en pensée ce moment avec lui. C'était fabuleux.

Le lendemain, au cours d'un échange banal avec une religieuse dans l'église, mon regard s'est porté sur la photo du Christ derrière elle, j'ai senti des larmes monter, j'ai pleuré et je me suis entendue dire : « J'ai rencontré le Christ cette nuit », puis ajouter : « Je ne sais pas pourquoi je dis ça ». J'ai entendu la religieuse me répondre « C'est parce que c'est vous L'avez rencontré ».

Cette rencontre m'a bouleversée et réconciliée. J'étais merveilleusement aimée du Christ, et cet amour n'aurait jamais son pareil dans la condition humaine. J'avais donc trouvé l'amour ! Merveilleux ! Quelle grâce !

Je savais que ma vie n'allait pas changer, mais que tout allait changer dans ma vie grâce à cet amour reçu. Merci Jésus !

Aujourd'hui, je sais que je Le retrouve et que je Le partage dans chaque rencontre, en accueillant l'autre et en lui donnant avec le cœur, guidée par la voix de l'amour, sans calcul, sans attente. Même dans les rencontres les moins agréables, voire difficiles, Le savoir en l'autre me donne la force et le courage de dépasser mes émotions. La rencontre a toujours un sens, et je la vois avec le prisme du Christ.

Depuis, le Christ est mon compagnon quotidien, mon Grand Frère. À l'instar de mon petit frère, Il ne me veut que du bien. Quelle belle fratrie, n'est-ce pas ? Marie est mon tendre soutien, ma Mère, notre Mère.

Après cette merveilleuse rencontre, je me suis progressivement détachée de Cédric, de maman, de papa, d'Olivier, et la réconciliation a continué avec chacun d'entre eux. J'ai vécu de nombreux autres moments profonds symboliques de cette réconciliation dans ma chair et dans mon esprit, sur terre comme au ciel, avec les vivants et les morts, et, à chaque fois, plus de joie et plus de paix s'installent en moi, grâce à l'amour. Cette sérénité grandissante me donne l'envie de continuer, de découvrir la suite de l'aventure dont j'accepte les péripéties, car j'ai confiance et je sais que l'amour est infini. Il ne s'agit pas de le chercher, en fait, mais de s'ouvrir toujours plus pour recevoir et donner. Ce n'est pas une sinécure, mais c'est moins épuisant que la quête.

Un an après cette rencontre fabuleuse, en novembre 2020, à la date anniversaire de la mort de papa, après avoir reçu le Sien, j'ai donné mon cœur au Christ. Ce fut également un événement nocturne. J'étais dans mon lit, endormie. J'ai senti un mouvement d'amour partant de mon cœur, une libération, une joie intense de donner. Je me suis réveillée et j'ai senti que cet élan était le retour de celui qui avait eu lieu un an avant. L'amour circulait ! Au même moment, j'ai compris que cet amour allait certes vers le Christ, mais qu'il devait se faire sur terre, dans l'humanité, avec l'autre. Aimer dans le cœur du Christ, par Lui, pour Lui, avec Lui, et en Lui, et avec l'autre, pour moi, pour l'autre, et pour nous. Vivre ainsi les amitiés, les relations familiales, l'amoureux, et les rencontres.

Pourtant, j'ai eu peur ; peur d'aimer à nouveau, peur d'avoir mal à nouveau, peur de ne pas retrouver l'amour que j'ai éprouvé pour Cédric. Puis j'ai compris que, désormais, je n'avais plus de raison d'avoir peur puisque j'étais en Lui, je reçois, je donne, je suis conductrice, et cet amour pur ne peut en aucun cas me faire de mal.

Désormais avec Jésus, je sais aimer. Il m'aide à accepter la réalité, Il vit en moi, l'Amour vit en moi, et cet Amour embrase mon amour pour l'autre, et l'amour de l'autre. C'est un amour en mouvement, un amour vivant qui donne la vie.

Dans le Cœur du Christ

Progressivement mon cœur se retourne, mes douleurs s'apaisent.
Petit à petit mon cœur se guérit.
J'ouvre.

Je ne décide de rien, je laisse faire en moi.
Je n'ai pas la main, je cède à l'intérieur de moi.
J'ai la Foi.

Seule je ne peux plus rien.
Je fais main dans la main.
J'ai Confiance.

Je ne sais plus.
Où, quoi, comment, je ne sais pas, mais je vois, j'entends, je sens, et j'agis.
Je suis dans l'Espérance.

Le Chemin est le Pardon.

Deuil, rupture, abandon, trahison,
Le cœur se remplit d'émotions.
Le corps s'alourdit de larmes.
Je pardonne.
Je fais de la place.

Deuil, rupture, abandon, trahison,
Je blesse, aussi.
Je demande pardon.
Je fais de la place.

Désormais, je ne veux plus, je désire.
Je ne décide plus, je n'oriente plus.
Je suis le Chemin qui comble mon désir.

Je suis tentée, j'ai envie, je me souviens.
Mon cœur se souvient, mon corps se souvient, c'était bien...
Mais je n'étais pas aimée.

Souffrance encore, souffrance toujours,
Mais souffrance détachée de l'autre.
Souffrance liée à notre humanité.

Je suis libérée.
Je peux désirer encore, je peux désirer toujours,
Je suis infiniment aimée.

Je suis comblée,

Je suis remplie,
De l'amour du Christ.

J'ai changé.
Mon cœur s'est retourné.
J'ai accepté la séparation et l'unité.

Je me suis retrouvée.
Tout est en moi, j'aime ce qui est en moi.
Je vis mon humanité et ma divinité.

Ma vie n'a pas changé, mais tout a changé
dans ma vie.
Je suis allégée.
Par mon cœur je me laisse guider.

Mon corps se fortifie de pain,
Mon cœur se réjouit de vin,
Mon âme se nourrit du cœur.

Je partage l'amour du Christ.
Je rayonne la joie de cet amour.
Je donne ce que j'accepte de recevoir.

Je partage ce qui ne m'appartient pas,
Ce qui est en moi, ce qui passe par moi,
Pour moi et pour les autres.

Se ressembler dans le cœur de Jésus.
Se distinguer dans le cœur de Jésus.
Se retrouver dans le cœur de Jésus.

À chaque instant,
À tout moment,
Tout simplement.

Avec chacun,
Au quotidien,
Pour le Bien.

Je remercie.

La rencontre d'une âme a éveillé en moi le désir.
Désir charnel, désir émotionnel, désir spirituel.
Cette âme, je la confie, et je la retrouverai.

Le désir a nourri en moi l'amour.
Le désir a ouvert mon cœur à l'amour du Christ.
Cet amour, je ne le quitterai jamais.

Le temps est venu de partager, de diffuser, car je ne peux pas garder cet amour pour moi, c'est beaucoup, et, surtout, c'est tellement beau que j'aspire à le faire connaître aux autres, et plus nous serons nombreux à le découvrir, à le transmettre, et plus le monde sera amoureux. C'est l'espérance.

C'est ainsi que Paolina m'a toujours parlé de cet amour et m'a donné envie de le connaître. Dès que nous nous sommes rencontrées toutes les deux, nous nous sommes comme retrouvées, alors que nous travaillions toutes les deux dans le domaine viticole en Dordogne. Depuis, nous ne nous sommes plus quittées, et Paolina fait partie de ces personnes référentes sur mon chemin, de mes guides. Merci Paolina.

Tout comme Marc que j'ai rencontré quelques mois après mon arrivée à Lorient à l'occasion de la manifestation « Les Ateliers Ouverts » qui consiste, pour les artistes lorientais, à ouvrir leur atelier. Dès que je suis arrivée dans celui de Marc, j'ai su qu'il se passait quelque chose, la rencontre a retenti dans mon corps. Nous sommes depuis amis, nous avons même cohabité quelques mois, et ce fût une très belle expérience au cours de laquelle Marc m'a invitée à rencontrer un prêtre pour répondre à mes interrogations. C'est également au cours de notre cohabitation que j'ai confié à Marc que l'image du Christ m'accompagnait de plus en plus, une image si lumineuse, que je sentais un appel. C'était le début de mes retrouvailles avec la foi. Malgré quelques réticences, j'ai répondu à son invitation, et j'ai rencontré le père Séverin-Marie. L'entretien a marqué le début de ma réconciliation avec la messe. Quelques mots ont suffi pour me toucher et raviver l'envie de retrouver les moments d'eucharistie, notamment en souvenir de ceux vécus, petite, avec ma grand-mère Clotilde.

Par l'intermédiaire de Marc, j'ai également rencontré Élisabeth, profondément croyante et pratiquante, à qui je confie régulièrement les joies et les peines de mon chemin. Mes confidences sont toujours entendues, soutenues, et les retours d'Élisabeth me permettent d'avancer. Élisabeth m'a notamment confortée dans mon intention de participer au Parcours Alpha de Lorient, dont j'avais entendu parler à quelques reprises.

Le Parcours Alpha propose des moments conviviaux autour d'un repas, puis d'échanges sur la spiritualité, sur nos questionnements et sur le sens de la vie. J'y ai en effet trouvé à la fois de la légèreté et des réponses à mes questions. C'est là que j'ai compris que Jésus attendait derrière la porte de mon cœur, et que la poignée était de mon côté. Cette compréhension m'a remplie de joie, car c'était ainsi si simple, et je savais que cela allait être merveilleux, même si j'avais peur.

Au même moment, je pris la décision de vendre un appartement que j'avais acheté depuis quelques mois, et dans lequel je me sentais si seule et pas à ma place.

Peu de temps après cette compréhension, un songe nocturne me révéla la suite de mon chemin : une retraite d'un mois dans un lieu spirituel. Je choisis l'abbaye de Rhuys. J'ai vécu une expérience très forte, j'ai redécouvert et pratiqué le carême avec joie. J'ai échangé avec les religieuses, j'ai prié, j'ai marché, et j'ai écrit.

De retour à Lorient après cette retraite, alors que j'assistais exceptionnellement à une de ses messes, j'ai été profondément touchée et émue aux larmes par l'homélie du père Wilfrid. En outre, j'ai beaucoup apprécié sa joie de célébrer. Aussi, je lui ai envoyé un mail pour demander une rencontre. J'ai alors décidé de changer de paroisse, où je me rendais à l'église chaque dimanche dans la joie de vivre un bon moment et de découvrir la parole du prêtre, et je ressortais de l'église différente, jusqu'au jour où le père Wilfrid a quitté la France pour retourner près de sa famille en Afrique.

J'ai alors rencontré le père Jean-Eudes qui m'a accompagnée et soutenue durant la période de confinement du printemps 2020, et m'a proposé de préciser ma foi. Nos entretiens étaient hebdomadaires et espacés de forts moments de révélations grâce à des réflexions et des lectures suggérées. En effet, les lectures et les auteurs peuvent également être des rencontres.

Ce fut le cas avec Osho, avec son livre *L'Évangile selon Osho,* et Denis Marquet, avec *Aimez à l'infini*. Le premier a participé à ma réconciliation. Je rends grâce. Mon retour à la messe a été progressif, je ne pouvais pas y rester longtemps, je restais proche de la porte, c'était même douloureux parfois, mais j'ai persisté. C'est à ce moment-là qu'une amie m'a recommandé Osho, et c'est le titre œcuménique de son ouvrage qui m'a attirée ; j'allais lire un point de vue élargi sur l'Évangile et y revenir de manière différente de celle qui m'avait tant blessée. Le second livre a retenu toute mon attention par son titre en référence à l'abondance. Je l'ai lu peu de temps après ma rencontre avec l'amour du Christ, et Denis Marquet a renforcé mon envie d'amour et mon envie d'aimer. Je rends grâce.

*

8.

RENCONTRES DE LIEUX

L'histoire avec le Maroc a commencé il y a 25 ans, lors d'un premier voyage au cours duquel certains événements m'avaient laissé de la rancœur. Ce voyage était un voyage de découverte, un vol sec, avec balades et hébergements au fil des rencontres. Aussi échangions-nous régulièrement avec les habitants. J'éprouvais un agacement dans le peu de considération des Marocains pour mon point de vue lors de négociations ou de prises de décision. J'avais également du mal à supporter les multiples sollicitations des guides et des enfants pour proposer leurs services ou demander de l'argent.

Pourtant j'y suis retournée deux fois avec des

amies qui souhaitaient découvrir ce pays, en me disant que c'était l'occasion de revenir sur ma première impression, de me réconcilier, et de revoir les paysages de l'Atlas et d'Essaouira devant lesquels j'avais été fortement émue. Ces deux voyages ont en effet atténué ma colère.

Le voyage suivant a été bouleversant. Un jour de janvier, en Dordogne, j'ai reçu un mail proposant un stage de yoga-méditation à Essaouira au mois d'avril, date de fin de mon contrat dans le domaine viticole. Le mail m'a interpellée, j'ai alors contacté l'animatrice du stage, et j'ai senti que ce stage était fait pour moi. Quelques jours plus tard, j'ai reçu d'une part une prime qualitative de travail, et d'autre part un chèque d'étrennes, les deux cumulés faisaient le coût du voyage. En réservant mon voyage, j'ai pris la décision d'y rester une semaine de plus ; j'ai eu peur, j'ai pleuré mais je savais que je devais le faire.

En effet, dès l'atterrissage à Marrakech, l'aventure a commencé. Lorsque j'ai mis les pieds à terre, j'ai pleuré de joie, je me sentais chez moi, je retrouvais une terre. Je ne comprenais pas.

Je suis arrivée à Essaouira en bus, j'ai rejoint le groupe inconnu d'environ douze femmes, formé de deux sous-groupes, l'un venant du Gabon, l'autre de Bergerac. Avec ce groupe, j'ai découvert la méditation lors de séances animées sous une tente dans le jardin du riad où nous séjournions.

Quelques jours plus tard, au cours d'une marche silencieuse organisée dans un endroit désertique, j'ai vécu un moment unique, inoubliable : de grosses larmes, un cri hors du commun, une prosternation inattendue devant un puits, et un plongeon dans la mer !

Le matin, nous sommes parties en voiture du riad avec la consigne de faire silence dès que nous montions dans le véhicule. J'étais installée côté fenêtre droite sur la banquette arrière près de deux autres femmes. La route était sinueuse et grimpante. Nous roulions lentement. Je me souviens des beaux paysages au sol aride, généreux en oliviers. À mi-chemin, j'ai eu l'impression d'aller à un enterrement, d'autant que nous avions des voitures de couleur sombre. Par la vitre, je regardais le paysage défiler, et peu à peu j'ai eu devant les yeux des moments de ma vie, l'enterrement de papa, celui de ma grand-mère, et un visage, celui de Laurent. J'ai été prise d'une vive émotion, j'ai senti les larmes monter, et j'ai fondu en larmes en prononçant des « non ». Mon cœur palpitait, mon corps s'agitait. Ma voisine a voulu me prendre dans ses bras, je l'ai repoussée. J'avais besoin d'air, j'avais besoin de crier. Mes larmes devenaient de plus en plus grosses et mes respirations de plus en plus fortes. J'avais besoin de sortir de la voiture, j'avais besoin que tout cela sorte de moi. J'étais envahie d'émotions et de sensations.

Nous étions arrivées à destination. J'étais fatiguée. L'animatrice me demanda de me concentrer sur ma respiration et de pousser un grand cri. Je dus m'y prendre à deux fois pour enfin hurler et me demander d'où venait ce cri tant il était puissant et long. Je ne parvenais pas à fermer ma bouche. Je laissais sortir de moi. J'observais ce qu'il se passait. Je savais que je me libérais. Le hurlement s'arrêta.

Pieds nus, je commençai alors la marche avec le groupe. Je m'en détachai à un moment donné pour me diriger vers un puits situé légèrement à l'écart de notre chemin. Les larmes reprirent et je me prosternai devant le puits, toujours en observation, sans comprendre ce qu'il se passait. Je m'étonnais de ces moments intenses et extraordinaires.

Je repris la marche en regardant ce merveilleux paysage qui m'entourait. Sans le comprendre davantage, mes pensées allaient vers ma grand-mère. La marche se poursuivait jusqu'à ce que nous arrivions à la mer ! Je me mis à courir et j'entrai dans l'eau.

L'animatrice proposa une pause au groupe, je la fis seule assise sur un rocher. Ensuite, nous avons rejoint les voitures par un autre chemin, nous avons repris la route et trouvé un restaurant pour déjeuner. Je n'ai ni mangé ni parlé jusqu'à ce que nous arrivions au riad. J'ai mis du temps à me remettre de cette marche exceptionnelle. Les personnes qui m'accompagnaient dans la voiture ont également été marquées. À la fin du stage, le reste du groupe a rejoint ses pénates, et je suis restée à Essaouira en envisageant de bouger vers le sud marocain. Or, ce n'était pas ce qui m'attendait. J'ai fait des rencontres à Essaouira et j'y suis restée.

Lors d'une balade dans un oued, une femme m'a proposé de se joindre à sa famille pour boire le thé, puis le gîte et le couvert pour le soir ; j'ai accepté ; j'y suis restée deux jours. Puis j'ai rencontré Khadija alors que je cherchais une rue dans les faubourgs d'Essaouira, elle m'a proposé le gîte et le couvert, j'ai accepté. J'ai passé trois jours en compagnie de Khadija et de ses enfants, j'ai été invitée au hammam public, à une soirée musique berbère dans un hôtel, à un déjeuner dans le restaurant typique d'une amie, et Khadija m'a recommandé un hôtel à Marrakech avant de reprendre mon avion pour Bordeaux, puis mon train pour Bergerac.

J'ai retrouvé la vigne, Malou et sa famille. J'étais exténuée. J'ai intégré tout ce vécu, j'ai récupéré, mais je ne savais plus comment poursuivre ma route.

La Bretagne l'a nourrie,
La Dordogne l'a accueillie
Le Maroc l'a embellie.

Terre nourricière,
Terre d'accueil,
Terre de Femme.
Elle les aime,
Elles la font vivre.

Où poser l'ancre ?
Quelle Terre choisir ?
Quelle Terre élire ?
L'espace n'existe pas.

Quel que soit l'endroit,
Son Cœur les reconnaît,
Car Elle les porte dans son Cœur.

Un visage, une musique,
Un bijou, un goût,
Son Corps, son Cœur,
Vibrent au rythme de la Terre.

Une nuit, j'ai eu la réponse, mon chemin continuait vers le sud. J'ai fait mes cartons, pris ma voiture, et j'ai roulé vers le sud, avec une halte chez des amis en Creuse puis en région lyonnaise.

En arrivant à Saint-Raphaël, j'ai su que c'était là pour quelque temps.

Désormais, je sais que la terre du Maroc est

aussi la mienne, c'est la raison pour laquelle, avant de quitter Saint-Raphaël, je me suis posé la question de traverser la mer ou de faire demi-tour vers la Bretagne. J'ai fait le choix de la Bretagne, le pays de ma famille.

Pourquoi ce lien avec le Maroc ? Je m'y sens femme, j'aime la convivialité, les couleurs, la douceur d'Essaouira, la musique berbère, les produits du terroir, la cuisine, l'accent, et la spiritualité.

C'est aussi la spiritualité qui m'a vraisemblablement attirée au Laos.

Lors de mon Master de psychologie, je m'étais promis de m'offrir un voyage au Laos si j'obtenais mon diplôme. Pourquoi le Laos ? J'avais fait plusieurs voyages, en Europe et en Afrique, mais je n'avais jamais été attirée par les autres continents.

J'ai eu mon diplôme avec grande satisfaction, j'ai effectué une mission de travail de deux mois dans un centre d'appels, et j'ai réservé mon billet d'avion pour Vientiane, capitale du Laos, en projetant de passer deux semaines sur trois à Louang Prabang. Mon entourage était inquiet de ce voyage compte tenu de mon état de santé, et pourtant je savais que rien ne m'arriverait, je devais y aller.

J'ai beaucoup pleuré à l'aéroport, j'avais peur.

Dans l'avion, alors que je parcourais mon livre de voyage, un de mes voisins, d'origine laotienne qui vivait à Paris, m'a proposé de partager son taxi et de me conduire à l'endroit de mon choix pour mon hébergement d'arrivée. Tout s'est très bien passé, et mon choix m'a très bien convenu.

J'ai poursuivi mon voyage. J'ai fait peu de rencontres, j'ai passé beaucoup de temps autour des temples où j'ai été invitée par un moine à une cérémonie dans un temple, à échanger dans sa cellule ; invitation particulière, moment particulier.

D'autres moments étonnants m'ont fait prendre conscience que ce que je cherchais se trouvait vraisemblablement à la porte de chez moi, alors que j'étais à l'autre bout du monde.

Aujourd'hui, je sais que j'étais en recherche de spiritualité et que je cherchais une réponse ailleurs, loin de ce que j'avais connu, alors qu'elle était en moi, depuis toujours... Il ne s'agit pas de partir pour tout quitter, mais de tout quitter en restant là : c'est l'abandon.

Je suis rentrée à Paris où j'habitais alors et j'ai eu envie de revenir au moins quelques jours en Bretagne, chez ma mère. L'accueil a été violent, et je suis retournée à Paris avant de faire mes bagages pour Rennes, pas loin de maman, mais pas trop près. Et pourtant encore trop, et c'est ainsi que j'ai connu la Dordogne, Saint-Raphaël puis

Lorient.

Lorient a marqué mon chemin, car c'est là-bas que j'ai retrouvé la foi. Je n'ai pas voulu aller à Lorient, j'y ai été conduite en cherchant un logement. Lorsque j'ai visité le studio, il m'a plu et j'ai su que ma place était là pour le moment.

C'est dans ce studio loué par Gaëlle que je me suis entendue dire que je sentais la foi revivre en moi. J'échangeais alors avec mon amie Séverine au téléphone. Je ne parlais pas et je ne voulais pas parler de religion, c'était selon moi autre chose. J'expliquais que je ressentais de plus en plus la petite fille que j'avais été, je la sentais à nouveau en moi, joyeuse, légère et pleine d'espérance. Je retrouvais alors au plus profond de moi mon enfance et son insouciance, et ces moments de communion avec mon intérieur m'émerveillaient. La vie grandissait en moi comme un beau paysage intérieur, comme une fleur qui s'ouvre. Je retrouve cette fleur dans mon emblème, créé dans ce même studio.

Je me sentais confiante, ouverte, et curieuse de connaître la suite.

C'est avec joie également que j'ai récemment rencontré le terrain à Coëtmieux sur lequel je construis ma maison. Dès que j'y ai mis les pieds, j'ai su que c'était là. Le type de construction et de maison était beaucoup moins séduisant, mais passer à côté de ce terrain aurait nourri des regrets, et je ne le voulais pas. Alors j'ai signé. J'étais ravie, je me sentais apaisée, et fière d'avoir passé le cap de revenir. Une boucle du chemin parsemé de souffrances se terminait, et une autre plus légère, s'ouvrait. Je m'apprêtais à construire du neuf, sur et avec le passé accepté tel qu'il est. C'est ce que ce terrain et cette maison signifiaient. C'était une victoire sur et avec la vie. J'avais eu raison de m'accrocher, de dépasser, et surtout d'y croire, de croire. Merci Seigneur !

ÊTRE

Ressentir chaque instant,
Aimer ou ne pas aimer,
Vibrer ou ne pas vibrer,
Mais honorer la Vie.

Quand l'instant donne envie,
Quand l'Être donne envie,
Oser, exprimer, déployer,
Car donner envie,
C'est donner la Vie,
Et recevoir la Vie,
C'est honorer la Vie.

Avoir envie,
C'est vibrer.
Suivre l'envie,
C'est danser la Vie.
Être en vie,
C'est suivre et réaliser l'envie.
Être en Vie,
C'est créer suivant l'envie.

Merci la Vie !

La Vie

Je me sens pleine de Vie,
Je suis pleine de Vie,
J'aime la Vie,
Je danse la Vie !

Lui aussi.

Mon Corps danse la Vie,
Mon Cœur danse la Vie.

Son Corps, son Cœur, aussi.

Corps contre Corps,
Cœur contre Cœur,
Nous dansons la Vie !

Corps contre Corps,
Cœur contre Cœur,
Nous créons la Vie !

Enlacés ou séparés,
Nos Corps, nos Cœurs, sont toujours reliés.

Enlacés ou séparés,
Nous serons toujours liés, Toi, Moi, et Nous.

C'est la Vie !
Merci la Vie !

CRÉER

Saisir,
Saisir un regard, un son,
Une odeur, une sensation.

Saisir cet instant, présent à un moment,
Ou saisir cet instant, invisible, mais toujours présent.

Saisir l'instant présent,
Visible ou invisible,
L'accueillir,
Et le transformer.

Créer, c'est transformer.

L'AMOUR

Être l'Amour, c'est donner
Faire l'Amour, c'est créer
Avoir l'Amour, c'est recevoir.

Être, faire, avoir, c'est le sens de la Vie,
Donner, créer, recevoir, c'est l'Amour de la Vie,
Accepter, c'est le chemin de la Vie.

Accepter la Vie,
Accepter d'Être,
Accepter d'Être en Vie,
Et partager.

Partager tout ce qu'on est,
Partager tout ce qu'on a,
Aimer. Donner, créer, recevoir.

Aimer, c'est accepter
Mais ce n'est pas accepter à tout prix,
L'Amour n'a pas de prix.

Aimer, c'est se Libérer,
Se Libérer pour Soi,
Se Libérer pour les Autres,
Se Libérer pour la Vie.

Se Libérer, c'est se laisser guider,
Se laisser guider par l'Amour,
Se laisser guider par le Cœur.

Le Cœur est notre Guide,
Notre Guide vers les Ailes,
Notre Guide vers Elle,
C'est Guid'Elles.

Merci Guid'Elles !

LIBERTÉ

Liberté,
Légèreté,
Les frontières n'existent pas.

Entre les pays, entres les gens, entre le vivant,
Les frontières n'existent pas.

Entre les pensées, entre les croyances, entre les pratiques,
Les frontières n'existent pas.

Liberté, Légèreté,
Ou fatalité, destinée,
Liberté, Générosité,
Ou avidité, cupidité.

Liberté, Légèreté, Générosité,
Être dans la Lumière de la Vie.

*

9.

RENCONTRES D'ACTIVITÉS

Même si je l'avais pratiquée dans mon enfance, et retrouvée en retournant à la messe, j'ai rencontré la prière à l'abbaye de Rhuys. Elle s'est intégrée en moi, elle a pris tout son sens, et j'ai réalisé que tout était prière.

Retrouver la prière était une joie, car je retrouvais aussi mes mamans de cœur, Clotilde, ma grand-mère, et mes tantes Marie et Pauline, qui ont toujours beaucoup prié. Je les rejoignais donc.

Ma prière est en fait une présence à ce que je fais, une connexion à la terre et au ciel au moment où je le fais, et ce, de manière tout à fait simple. Lorsque je marche ou lorsque j'écris, je suis présente et je reçois des sensations, des mots, je vis l'activité. Lorsque je prépare mes repas, aussi frugale soit ma nourriture, je suis très attentive à sa qualité et au soin apporté aux produits, et je remercie. Lorsque je mange ou lorsque je bois, c'est avec joie. Je ne fais pas nécessairement une prière avant le repas, mais je le prépare et le vis en prière.

Ma prière du matin, elle, est systématique, après ma toilette. J'aime le matin, car une nouvelle journée commence et réserve des découvertes, des surprises, des joies. Aussi, je ressens le besoin de partager cet enthousiasme, et de me préparer à cette nouvelle journée avec le Père, avec Marie, Jésus, les anges, archanges et tous les saints, vivants ou morts. À l'instar de la toilette physique, je vis cette prière comme une toilette intérieure, une purification quotidienne, qui permet de mieux recevoir et mieux donner, de se préparer à partager, et de confier la journée au Saint-Esprit. C'est également un moment où je demande de l'aide selon mes besoins du moment, ceux de mon entourage et de notre monde.

Cette pratique quotidienne ne m'empêche pas de participer ponctuellement à des moments de prières à l'église ou dans des groupes. À l'image de ma prière matinale, le lien est à ce moment-là très fort, et le lieu de l'église et la pratique en groupe le renforcent.

Le chemin qui m'a amenée à la prière est passé par le yoga, qui fut également une très belle rencontre. Le yoga a donné l'occasion à mon corps de s'exprimer, de libérer des souffrances. Par exemple, une séance de yoga m'a permis, par de grosses larmes, de parler d'un secret que j'avais en moi, que je ne pouvais pas nommer, et dont je ne voulais pas. J'ai alors construit une boîte à secrets et j'y ai laissé des petits mots régulièrement avant de sentir le moment de me débarrasser de cette boîte. J'ai pris ma voiture, je me suis laissé guider, et je suis arrivée près de la ferme familiale de ma mère, j'ai trouvé une poubelle communale, j'ai jeté ma boîte, et quelques mètres plus loin, dans un champ, j'ai libéré mon corps et mon cœur.

Un stage de danse orientale libre m'a aussi permis de m'exprimer par le choix d'une tenue, par une chorégraphie et par des larmes. Ce stage a duré quelques heures, je l'ai vécu de manière intense, profonde et solitaire.

C'est également de cette manière que j'ai vécu un stage de modelage et sculpture de la terre. La rencontre a commencé dès la lecture de l'affiche annonçant ce stage. J'ai su que je devais y participer : ces mains, cette terre, ce message m'étaient adressés. Le stage se déroulait en Corrèze, et je vivais alors à Bergerac. Je n'avais pas de voiture à ce moment-là. Lorsque j'ai appelé Véronique, l'animatrice, elle m'a recommandé d'appeler

Colette, une participante au stage qui venait de Bergerac et avec qui un covoiturage était envisageable, et même souhaitable selon Véronique. Elle avait vu juste. Dès les premiers mots au téléphone, j'ai rencontré Colette, et elle m'a invitée chez elle. C'était une belle femme d'environ 75 ans avec un vécu riche, une écoute, un beau sourire, et un lien fort avec la nature. À ses côtés, j'ai nourri mon appétit de vie, d'aventures, de différence. De toutes les personnes citées dans ce livre, c'est la seule personne dont je n'ai plus de nouvelles, et je n'ai plus de réponses à mes appels. Colette vivait seule, elle n'avait pas d'enfants, et je n'ai pas connu son frère. Où que tu sois, je te remercie Colette.

Pour ce stage, Colette et moi avons roulé ensemble jusqu'en Corrèze, chez Véronique, dans un magnifique lieu. Après une première soirée conviviale, un repas frugal de qualité, j'ai rencontré la terre dans mes mains. Ce fut une explosion d'émotions. Véronique avait proposé un début de séance dans la nature les yeux bandés. J'ai été la seule à accepter. La terre sur mon corps, j'ai versé de grosses larmes. Fatiguée mais libérée, j'ai commencé à sculpter la terre et j'ai continué sur ce même morceau d'argile durant deux jours. Au matin du troisième jour, je savais que ma sculpture était terminée et elle s'appelait Sensualité. Le troisième jour, j'ai sculpté un pied sur un nouveau morceau d'argile, ce pied était creux, il n'avait pas de nom.

Cette forte expérience a résonné avec un événement qui avait eu lieu peu de temps avant, à Bergerac, dans une salle d'exposition de poterie cuite selon la technique du raku. Alors que je découvrais au fond de la salle une mise en scène de plusieurs tortues et d'une petite fontaine, j'ai été prise d'une telle émotion que j'ai dû sortir pour éclater en sanglots dans la rue.

Elle est liée,
À Elles,
À Lui,
À la Terre.

Liée, pas attachée.

Elles, Lui, la Terre,
Font partie d'Elle.
La séparation n'existe pas.

Elle voyage, Elle vole, Elle vit,
De ses propres Ailes,
Mais jamais sans Elles,
Jamais sans Lui,
Toujours en lien,
Avec Elles,
Avec Lui,
Avec la Terre.

Elles, Lui, la Terre,
Font partie d'Elle.
La séparation n'existe pas.

Elle les aime.
Elle aime.

*

10.

RENCONTRE AVEC MON EMBLÈME

Lors de mon arrivée à Lorient, dans la perspective de créer une activité et d'entreprendre, j'ai décidé de me lancer dans la création d'un logo. Pendant de nombreuses soirées, j'ai écrit, j'ai dessiné, puis j'ai pris la décision de contacter des graphistes pour m'aider dans ma recherche. J'ai choisi de travailler avec Floriane, mais ses propositions de logo ne me convenaient pas car elles ne me correspondaient pas, je ne me reconnais pas. J'ai persisté dans mes propres dessins, et un soir, dans mon studio à Lorient, j'ai rencontré mon logo, mon emblème, c'était lui. Floriane a ajouté sa touche professionnelle et, depuis 2015, mon emblème me suit dans mes différentes activités professionnelles et créatives, il est en effet adapté à toutes mes missions et projets car il est Moi.

À l'instar du Christ, cet emblème m'accompagne au quotidien, et je le ressens dans mon corps comme une fleur vive et lumineuse qui s'épanouit en moi. Quand je la sens, elle évoque la liberté, la joie, le féminin, alors je sais que ce que je vis est juste, car c'est Moi.

Le même scénario de rencontre s'est produit pour cet ouvrage. J'ai contacté différentes biographes avec l'intention de leur confier mes paroles pour les mettre sur papier. Dès le lendemain, j'ai écrit et je savais que j'attendais un regard extérieur et professionnel, une aide à structurer et à rendre mes écrits harmonieux, fluides, accessibles, et attractifs, car mon premier objectif était de partager et de publier. Je savais aussi qu'un tournant dans mon chemin se produisait et je le vivais avec enthousiasme. Je rendais grâce.

Le Tout

Elle aime,
Elle aime le Tout,
Car le Tout est en Elle.

Son Corps, son Cœur,
Lui, Elles,
La Terre, la Mer,
Les Arbres, les Oiseaux,
Tous, Toutes, Tout,
Est le Tout.

Le Tout est en Elle,
Et Elle est dans le Tout.

Elle aime le Tout qui est en Elle,
Le Tout aime ce qui est en Elle.

Le Tout est Amour,
L'Amour est Tout.

Le Tout est Vie,
La Vie est Amour,
La Vie est Tout,
Tout est la Vie.

Merci !! la Vie !!

TOUT EST POSSIBLE

Ici ou ailleurs,
Avec ou sans,
Proche ou loin,
Tout est possible.

La Vie est partout,
Partout est la Vie.

La Vie est Lien,
Le Lien est la Vie,
Le vide n'existe pas.

La Vie est Confiance,
La Confiance est la Vie,
Le vide n'existe pas.

La Vie est partout,
Partout est la Vie.

Tout est possible,
Merci la Vie !!

TOUT EST LÀ

Lui, Elle,
Le lieu, l'endroit,
Le mot, la réponse,
Tout est là.

Le temps n'existe pas,
L'espace n'existe pas,
Tout est là, ici, maintenant,
Pour qui est présent,
Pour qui sait voir,
Pour qui sait écouter,
Pour qui sait sentir,
Pour qui sait dire,
Pour qui sait donner et recevoir.

Tout est là,
Le temps n'existe pas,
L'espace n'existe pas.

Tout est Sensualité,
Tout est Subtilité,
Tout est donné.

La Vie est un cadeau,
Pour qui le cadeau est la Vie !
Merci ! La Vie !

*

ÉPILOGUE

AUJOURD'HUI

La Vie est en moi,
Je suis dans la Vie,
Je suis la Vie.

J'écris, je chante la Vie,
Je danse, j'enlace la Vie,
Je vis la Vie.

La Vie m'apprend,
J'apprends ma vie,
Je vis ma vie,
J'aime ma vie !

Je ris, je rêve, j'apprends,
Je pleure aussi.
Je vis !
Merci la Vie

Écrire ce témoignage a été riche d'expériences et de compréhensions.

À titre d'exemples forts, au cours d'un songe nocturne, j'ai reçu un doux baiser de papa, qui a soulagé une grosse angoisse, peut-être pour m'apporter celui que j'ai écrit n'avoir jamais eu. Au cours d'un autre songe, j'ai également retrouvé un de mes amoureux, mais je n'ai pas vu son visage. L'avenir me fera peut-être comprendre ce rêve.

Alors que j'écoutais une chanson, j'ai continué à libérer les souffrances relationnelles avec maman grâce à un cri et à des larmes.

Des expériences professionnelles m'ont amenée à exercer dans des écoles élémentaires et à rencontrer Sarah, une petite fille en souffrance similaire à la mienne. Je l'ai apaisée avec des mots d'espérance.

En somme, j'ai continué ma guérison.

En outre, j'ai pris conscience que la guérison s'opère au travers de rencontres qui font miroir, et qu'ainsi la rencontre peut également guérir l'autre et d'autres qui partagent la même souffrance. C'est notre pouvoir guérisseur à tous, à l'image du Christ.

La rencontre est réparatrice au sens large puisque nous sommes Un. Ainsi la guérison se partage, la guérison se répand, et donc l'amour se répand.

Laisser le Christ agir en nous, s'abandonner à Lui, se confier à Lui, c'est être au cœur de notre mission individuelle et universelle.

Je ne cherche plus, je me laisse guider sur le chemin qui est le mien, sur mon chemin divin. Je prends parfois une direction qui ne m'attire pas, mais qui est nécessaire, et je le sens, alors je la suis. Ensuite je comprends la raison avec émerveillement. Tout est fait pour le meilleur de chaque un si Chaque accepte Un.

J'ai osé la rencontre.

Avoir la foi, c'est entendre et écouter le divin en soi, suivre la voix, se laisser guider, par Jésus, soutenu par Marie, et ainsi se révéler, tout en participant au règne de l'amour.

Aussi la résurrection commence-t-elle dès aujourd'hui en renaissant ici-bas.

Sur ce chemin volontaire, la rencontre est un repère.

Dans chaque rencontre, nous découvrons le Christ car nous n'aurons jamais fini de le connaître dans notre humanité. Chaque rencontre nous dévoile quelque chose de Lui, quelque chose que nous n'avions pas encore vu et que nous sommes alors prêts à accueillir, c'est pourquoi chaque rencontre arrive à point nommé.

Tout est très bien fait, tout est fait pour notre bien. Lorsque nous acceptons cela, nous acceptons la Vie, et nous vivons de manière différente.

Accueil et confiance,
Amour et délivrance.
C'est ici-bas le sens de notre existence.
Pourquoi attendre l'au-delà ?

Ma Foi

Ma Foi,
C'est la Croix.
Pardonnée, libérée,
Je trouve paix et tranquillité.

Ma Foi,
C'est ici-bas.
Le Paradis, c'est ici,
En renaissant du Saint-Esprit.

Ma Foi,
C'est Marie.
Sans jamais avoir vu, elle dit oui,
Elle fait don de sa vie.

Ma Foi,
C'est aussi là-bas.
Dans les Cieux
Plus proche de Dieu.

Ma Foi,
Me donne pleine joie,
De vivre la Délivrance,
Avec Confiance et Espérance.

*

TABLE

Avant-propos	7
Préambule	13
1. Rencontre	17
2. Rencontres maternelles	21
3. Rencontres paternelles	35
4. Rencontres fraternelles	39
5. Rencontres amoureuses	45
6. Rencontres professionnelles	51
7. Rencontres spirituelles	61
8. Rencontres de lieux	73
9. Rencontres d'activités	89
10. Rencontre avec mon emblème	95
Épilogue	101